LE MONSTRE DE MOUSSE

À mes trois plus belles œuvres,
Christian, Rachel et Renaud

Un immense merci
à Danielle Gratton et Suzanne Ménard

Données de catalogage avant publication (Canada)
Berthelet, Manon, 1961-
Le monstre de mousse

(Le raton laveur)
Pour enfants de 3 à 8 ans.

ISBN 2-920660-78-0

I. Laverdière, B.(Benoît). II. Titre. III. Collection: Raton laveur (Mont-Royal, Québec).

PS8553.E775M66 2002 jC843'.6 C2002-940304-9
PS9553.E775M66 2002
PZ23.B47Mo 2002

Nous reconnaissons l'aide financière du gouvernement du Canada par l'entremise du Programme d'Aide au Développement de l'Industrie de l'Édition (PADIÉ) pour nos activités d'édition.

Le Conseil des Arts du Canada | The Canada Council for the Arts

Éditions Banjo remercie le Conseil des Arts du Canada du soutien accordé à son programme d'édition dans le cadre du programme des subventions globales aux éditeurs.

Cet ouvrage a été publié avec le soutien de la SODEC.

Gouvernement du Québec – Programme de crédit d'impôt pour l'édition de livres – Gestion SODEC.

Dépôt légal – Bibliothèque nationale du Québec, 2002
Bibliothèque nationale du Canada, 2002
ISBN 2-920660-**78**-0

233, av. Dunbar, bureau 300
Mont-Royal (Québec)
Canada H3P 2H4
Téléphone: (514) 738-9818 / 1-888-738-9818
Télécopieur: (514) 738-5838 / 1-888-273-5247
Site Internet: www.editionsbanjo.ca

Imprimé au Canada

LE MONSTRE DE MOUSSE

Texte :
Manon Berthelet

Illustrations :
Benoît Laverdière

Le Raton Laveur

Ce soir, avant de me coucher, j'ai sauvé la vie de ma maman.
Mais elle ne le sait pas.

Je peignais avec de la gouache,
en faisant bien attention de ne pas me salir.

Ma mère m'a dit très gentiment :
«ANNABELLE-POUR-LA-MILLIÈME-FOIS-VA-PRENDRE-TON-BAIN-SINON-JE-VAIS-ME-FÂCHER ! ! !»

J'ai terminé mon dessin bien sagement avant d'aller dans la salle de bain.

Il n'y avait pas de mousse dans la baignoire... Et moi, j'aime bien la mousse ! J'ai pris la bouteille de bain moussant et j'en ai versé un peu dans l'eau.

Mais un peu, ce n'est pas beaucoup,
alors j'en ai versé encore un tout petit peu.

Mais un tout petit peu, ce n'est vraiment pas beaucoup, alors j'ai décidé d'en mettre deux gouttes de plus. Et comme deux gouttes, c'est minuscule, j'en ai versé encore.

Puis, comme je suis très raisonnable, j'ai arrêté.
De toute façon, la bouteille était vide.

J'ai plongé dans le bain et j'ai battu des jambes très, très vite,
pour qu'il y ait tout plein de bulles dans la baignoire.

Ensuite, j'ai joué avec mon canard en caoutchouc et un tube de rouge à lèvres que j'ai trouvé sans le faire exprès dans le sac à main de maman.

Tout à coup, je me suis sentie bizarre. J'avais l'impression que quelqu'un m'espionnait.

J'ai regardé autour de moi, et soudain je l'ai aperçu...

Il y avait un monstre dans la baignoire ! ! !

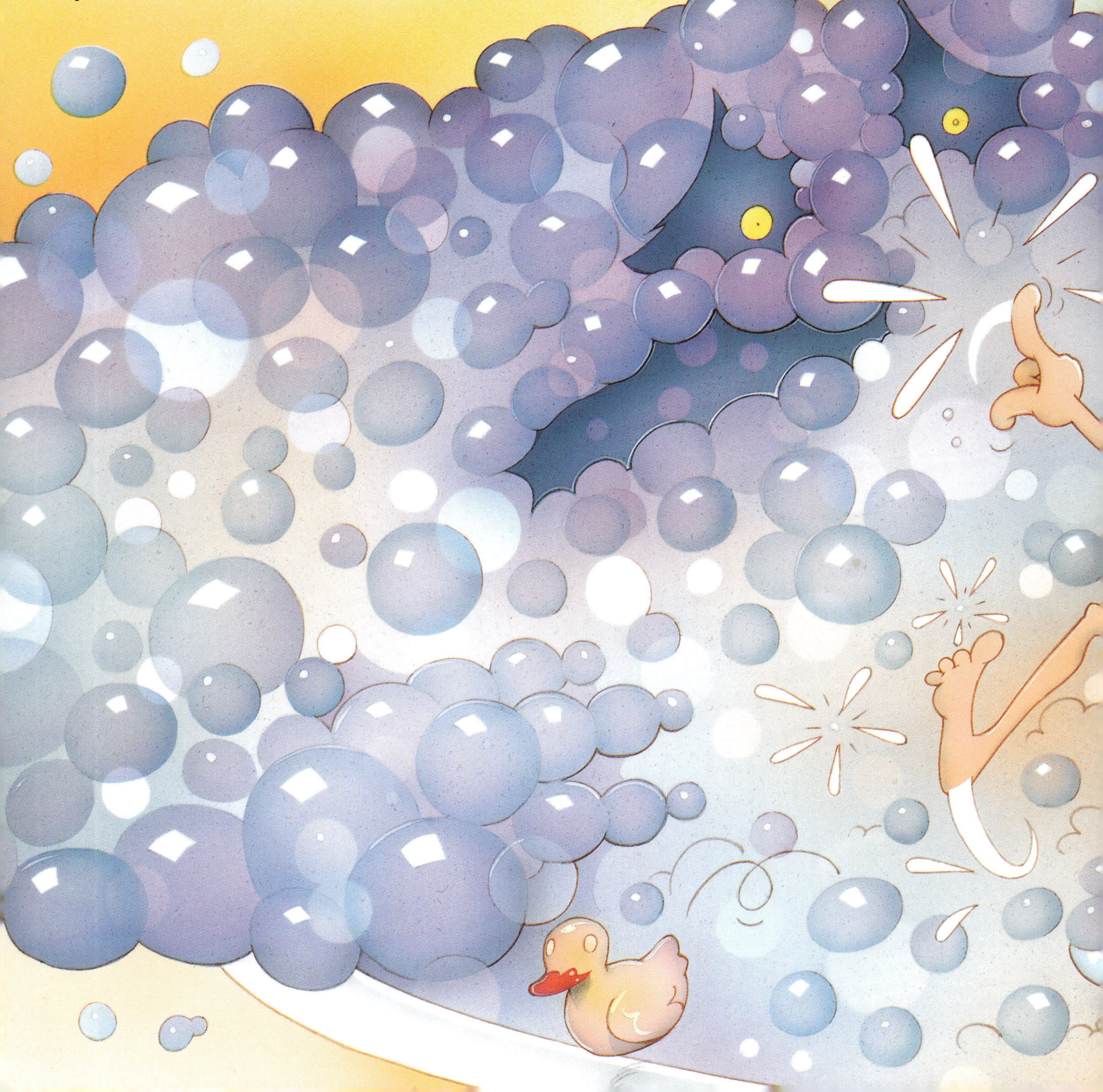

La bataille a commencé ! J'ai donné une chiquenaude sur le nez du monstre et une tape sur son ventre. Je voulais même lui donner un bon coup de pied, mais je ne trouvais pas son derrière.

Le monstre était tout mou. Chaque fois que je le frappais, il éclatait. C'était très drôle !

Là, on a cogné à la porte. « ANNABELLE-POUR-LA-MILLIÈME-FOIS-SORS-DU-BAIN-JE-VEUX-PRENDRE-MA-DOUCHE ! ! ! »

Mais je ne pouvais pas laisser ma maman prendre sa douche quand il y avait un monstre dans la baignoire ! J'ai continué à me battre. J'avais du monstre partout !

Puis, enfin, j'ai gagné la bataille ! J'ai enlevé le bouchon, et le monstre a disparu. Je n'avais plus le temps de me laver, mais ce n'était pas bien grave !

Je me suis couchée. J'étais bien contente d'avoir sauvé la vie de ma maman en combattant le monstre. Mais je ne veux pas le lui dire...

Si elle le savait, elle pourrait avoir peur d'aller prendre sa douche.